El pequeño
libro
de la
brujería

Este libro está dedicado a Noelle
y Elizabeth, mi aquelarre,
por su inestimable ayuda y apoyo.

El pequeño libro de la brujería

Kitty Guilsborough

Gaia
Ediciones

Título original: *Litthe Book of Witchery*

Traducción: Myriam Mieres Gutiérrez

© 2019, Octopus Publishing Group
Publicado originalmente en Gran Bretaña por Gaia Books,
un sello de Octopus Publishing Group Ltd.

Publicado por acuerdo con Octopus Publishing Group Ltd,
Carmelite House, 50 Victoria Embankment,
Londres EC4Y 0DZ, Inglaterra

De la presente edición en castellano:
© Gaia Ediciones, Distribuciones Alfaomega S.L., 2019
    Alquimia, 6 - 28933 Móstoles (Madrid) - España
    Tels.: 91 614 53 46 - 91 614 58 49
    www.alfaomega.es - E-mail: alfaomega@alfaomega.es

Primera edición: octubre de 2020

Depósito legal: M. 11.212-2020
I.S.B.N.: 978-84-8445-855-5

Impreso en China

Índice

Introducción   6

Breve historia de las brujas   10

Qué se necesita para ser bruja   24

Los cuatro elementos   42

Cristales para principiantes   50

El futuro, la suerte y el tarot   62

Construir algo de la nada   78

La luna y otros cuentos   88

Notas finales   95

Agradecimientos   96

Introducción

Este libro es una introducción práctica a la brujería para mujeres ocupadas que llevan una vida normal.

Mira, sé que puede producir escepticismo: después de todo, la palabra *brujería* arrastra un tremendo peso cultural, que en su mayor parte no resulta bueno. Estarás pensando en sombreros puntiagudos, en Harry Potter y en verrugas. Te vendrán a la mente sapos y la luna. Y, francamente, ni los sapos ni Harry Potter tienen nada de malo; las verrugas pueden tratarse o favorecernos; llevar sombreros puntiagudos es cuestión de gustos y este jamás sería el tipo de libro en el que hablaríamos mal de la luna. Pero la brujería es mucho más que estas cosas y, si se lo permites, te cambiará la vida.

¿Por qué la brujería?

Mucho de lo que llamamos *brujería* es, realmente, el arte de escuchar a los demás y a uno mismo, captar las vibraciones, los sentimientos y los elementos sutiles que se producen a tu alrededor. En cierto modo, la brujería es, sencillamente, *mindfulness* aplicado.

En este libro abarcaremos todo: desde una breve historia de las brujas hasta la forma de crear tu propio material de brujería. Se incluyen: una guía básica de cristales, explicaciones sobre tarot, afirmaciones, encantamientos y (cómo no) conjuros para todo tipo de ocasiones. También hablamos del cultivo de hierbas y la fabricación y el encendido de velas, además de meditaciones y visualizaciones en las que concentrarse. Encontrarás ejercicios que te ayudarán a acceder a tus sentimientos y verdades más poderosos, rituales para despejar

la mente y tradiciones que te conectarán con milenios de mujeres que deseaban (igual que tú) controlar su vida.

Sé lo que estás pensando. Es la gran pregunta: ¿esto es mágico de verdad?

No puedo decirte si debes creer o no en la magia. Ni siquiera puedo contarte si yo misma creo realmente, pero sí te digo que el estudio y la práctica de la magia —junto con la historia, las tradiciones, las leyendas y los rituales que la componen— pueden cambiar tu vida para mejor.

Breve historia
de las brujas

Las brujas han formado parte de la historia de la humanidad desde que existen las mujeres, es decir, desde siempre; aparecen, junto con el pan y la cerveza, en toda la historia documentada. A veces, las sociedades las respetan y, con frecuencia, las proscriben, pero siempre están ahí.

La historia mundial de la brujería es demasiado extensa para un librito como este, porque es, en realidad, un relato de rebelión y resiliencia presente en todos los países, sociedades y épocas.

Nota cultural

Todavía hay lugares en el mundo donde se toman muy en serio la brujería. En Ghana, por ejemplo, siguen existiendo «campos de brujas» para mujeres —a menudo, viudas— sospechosas de hacer magia. En los últimos diez años, se han observado numerosos casos de multitudes espontáneas que se han organizado en distintas zonas del mundo para atacar y matar a mujeres por creer que practican la hechicería. En algunos países como Arabia Saudí, la brujería no solo es ilegal, sino que además se castiga por ley con la pena de muerte.

Resulta difícil opinar sobre estos terribles actos de violencia, pero es preciso dedicar un momento a reconocerlos cuando se habla de magia.

Es esencial reconocer que la práctica de la magia y la autoayuda espiritual está intrínsecamente conectada con una lucha permanente que tiene lugar en el mundo entero.

Los distintos países tienen historias, relatos y tipos de magia diferentes, y con mucha frecuencia esos relatos se resumen en la opresión de las mujeres. Ignorar eso es pasar por alto una parte vital de lo que ha otorgado tanto poder a la brujería. Resulta crucial reconocer, entonces, que gran parte de esta magia tiene que ver con el cuestionado derecho de las mujeres a pensar por sí mismas.

Con esto presente, debemos tener en cuenta que, en este libro, hablamos principalmente de la bruja de Occidente, donde, al margen de lo que se murmure en el bar, las aspirantes a brujas pueden practicar, en buena medida, la clase de magia más conveniente para ellas.

Historia de la magia

Una historia de la magia, independientemente de lo que Harry Potter tenga que decir al respecto, podría ocupar miles de páginas y necesitaría otros tantos expertos que conozcan a fondo todas las culturas, costumbres e ideas relacionadas. Después de todo, ¿cuál es la definición exacta de *bruja* en comparación con *hechicera* o *maga*? ¿Es lo mismo una *bruja* en español que una mujer que practique la magia en cualquier otra lengua? No es fácil de saber.

Si el término inglés *witch* procede, sin duda, del antiguo inglés *wicca* o *wicce*, que significaba «sagrado» o también «despertar», «saber» o «ver», la etimología de la palabra española *bruja* resulta más difícil de determinar. Su origen es probablemente celta y se cree que tiene raíces prerromanas. Su forma inicial podría haber sido *bruxa*, del latín vulgar *voluxa*, que significaba «que vuela», o quizá evolucionó a partir del vocablo protocelta *brixta* («hechizo»). Es decir, es un término tan misterioso, vago e intrigante como los poderes que engloba.

Es precisamente esta inconcreción lo que hace que la brujería sea tan peligrosa y vulnerable. Al fin y al cabo, cuando una mujer es poderosa —de cualquiera de estas diferentes formas— hay que pararla. La historia de las brujas en el mundo occidental es, en gran medida, una historia de persecución. No es un relato agradable, pero hay que contarlo para comprender verdaderamente la naturaleza de tantas cuestiones relacionadas con la brujería moderna.

Al margen del uso privado que la gente pueda haber hecho de las mujeres sabias de su pueblo, la postura pública y política en el mundo occidental ha sido contraria a la brujería durante, al menos, mil años. La Biblia cristiana insta a asesinar a las brujas (Éxodo 22:18, por si quieres buscarlo) y el papa Alejandro IV autorizó su ejecución en 1200. El papa Juan XXII, a mediados del siglo XIV, condenó explícitamente a todas las brujas y decretó que cayera sobre ellas toda la fuerza de la ley. El papa Inocencio VIII, en 1484, lo ratificó en su *Summis desiderantes* —una bula papal sobre la brujería—, donde ordenó que las brujas fuesen «castigadas […] según sus merecimientos». Estas mujeres eran, en su mayoría, pobres, estaban oprimidas y a veces eran muy directas en su forma de expresarse. Con frecuencia eran feas o muy mayores, o resultaban inaccesibles para los hombres por otros motivos. Solían tener gato, leer libros y eran inteligentes. ¿Podían ser consideradas «brujas» realmente? Y, si lo eran, ¿qué implicaba?

Lo que nos importa ahora es que en nuestra propia práctica honremos la memoria de estas mujeres, que querían, por la razón que fuese, vivir a su manera. Lo esencial es que ejerzamos la magia para vivir nuestra vida como queramos: del mejor modo que podamos y por las mejores razones posibles. Debemos practicar la magia para conectar con la persona que somos y con el mundo que nos rodea, además de hacer todo el bien que esté en nuestras manos.

La mejor versión de ti misma

Vale la pena tratar de vivir nuestra vida como hubieran hecho esas brujas perseguidas: reafirmando nuestra conciencia de nosotras mismas y nuestro derecho a elegir ser quienes somos; reafirmando nuestro propio camino y nuestro derecho a escoger ese camino; reafirmando nuestra propia historia y nuestro lugar en ella. Todo esto forma parte de lo que el estudio de la brujería nos ayudará a conseguir. Podemos pertenecer a esta tradición, formar parte de una hermandad que se extiende en el tiempo y ocupar tanto espacio en el mundo como necesitemos.

¿Puede parecer una tontería creer en la magia? Por supuesto.

¿Puede parecer también una tontería, y quizá peligrosamente autocomplaciente, creer en ti? Sin duda.

Estas dos cosas están intrínsecamente unidas: permitirte conectar con tu mente mediante velas, cartas y cristales te ayudará, asimismo, a creer en otros aspectos de tu vida.

No hace falta que empieces a leer este libro creyendo en la magia. Ni siquiera tienes que empezar a leerlo creyendo en ti. Solo tienes que querer hacerlo.

Las afirmaciones

Las afirmaciones están diseñadas para ayudarte a creer en ti misma y en tu derecho a afirmar lo que quieres, lo que tienes y lo que necesitas.

Cada afirmación de este libro sigue un patrón similar: enciendes una vela, practicas la respiración y sintonizas con tus pensamientos, sentimientos y sensaciones. La misma afirmación es una breve declaración que repites (en voz alta si es posible) y que te permite sentir cómo sería aceptar que es cierta.

Con frecuencia, se insta a las mujeres a no expresar sus propios deseos o sus buenas cualidades. Se premia la modestia, el estoicismo y el dar prioridad a otras personas, y resulta difícil liberarse de ese condicionamiento cultural. Por eso, las afirmaciones nos conceden un espacio para integrar unas ideas perfectamente normales. Decir algo en voz alta nos permite romper el tabú del «pensamiento secreto», y, aunque podría parecer un poco absurdo, en realidad se basa en rigurosas investigaciones psicológicas. El ritual (la vela, la respiración, el canto) nos proporciona un marco para pensar en nosotras mismas y, de algún modo, actúa como permiso para abordar estas ideas.

¿Estas afirmaciones son conjuros? Supongo que algo así. Emplean los símbolos de la magia para darnos el permiso de usar nuestra propia fuerza, nuestras propias decisiones y nuestra autoconfianza para lo que necesitemos.

Breve historia de las brujas

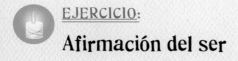

EJERCICIO:

Afirmación del ser

Empezaremos con un ejercicio diseñado para afirmar y reconocer tu ser y el camino por el que vas. También confirma tu derecho, si lo deseas, a usar el ritual, la historia, la superstición, la tradición y (¡sí!) la magia para ayudarte a llegar adonde quieras estar. Repite esta afirmación cada día para obtener mejores resultados.

Necesitarás: una vela.

1 Enciende la vela y siéntate cómodamente frente a la llama. Durante unos dos minutos, céntrate en ella mientras miras cada una de sus partes. Concéntrate de verdad en la llama: el amarillo pálido, el naranja más profundo, el pequeño triángulo azul brillante que rodea la mecha. Te parecerá mucho tiempo para centrarte en una cosa, pero hazlo.

2 Utiliza esa concentración para aplicarla a tu propia respiración. Observa cómo te llena el pecho, los pulmones y, quizá si respiras profundamente, el diafragma y el vientre también. Nota cómo suben y bajan los hombros al respirar. Percibe la respiración en la garganta.

3 Ahora vamos a tratar de igualar esa respiración. Haz lo que te sea más cómodo, pero te recomendaría inspirar mientras cuentas hasta seis, mantener la respiración al tiempo que cuentas hasta siete y espirar al mismo tiempo que cuentas hasta ocho. Date tres o cuatro minutos para intentar respirar de forma regular. Céntrate en cómo te sientes manteniendo los ojos fijos en la vela.

4 Cuando notes que tu respiración es uniforme y constante, es hora de iniciar la afirmación. Di en voz alta repitiendo cada línea cinco veces:

Yo importo.
Yo importo y mis ideas importan.
Yo importo y mis opiniones importan.
Yo importo y mis decisiones importan.
Yo importo.

5 Vuelve a centrarte en tu respiración y, luego, lentamente, de nuevo en la vela. ¿Cómo te sientes?

Haya cambiado esta afirmación la visión de ti misma o no (¡y apostaría a que hacerlo una vez no ha supuesto una gran diferencia!), el canto ritual, la vela y la respiración crean un estado alterado de conciencia que te prepara para empezar la práctica seria tanto de la magia como del autoconocimiento.

Qué se necesita para ser bruja

La magia se define a veces como «aquello que conecta», y este capítulo trata de las diferentes maneras en que podemos empezar a conectar con la magia misma. Ya he dicho que no tienes por qué creer en la magia para que este libro te resulte útil.

Lo que sí necesitas, no obstante, es tener una mente abierta y la idea de que nadie tiene respuesta para todo. Debes estar preparada para conectar con el mundo, contigo y con las personas y los seres que te rodean, además de creer que eres capaz de hacerlo. Esto es todo lo que se necesita para ser bruja.

Algunas personas podrían discrepar y preferir que la brujería fuese un club exclusivo con iniciaciones y secretos que pertenecen a unos pocos elegidos. Esto es, sencillamente, ridículo: se trata de trasladar los rasgos de un mundo difícil y de diseño complejo a algo apasionado, hermoso y libre. Aquí todos somos iguales. Tu magia es tan valiosa e importante como la mía. Tú eres tan valiosa e importante como yo. A todos los efectos de este libro, ya eres una bruja. Bienvenida.

Por alguna razón, te atrae la brujería (o alguien que te quiere piensa que podría ser conveniente para ti). Tal vez sea porque crees en lo sobrenatural o porque estás convencida de que hay fuerzas que escapan a nuestro control. Quizá no sabes en qué crees o simplemente vistes mucho de negro (¡hola, amiga!).

En cualquier caso, aquí estás. En las páginas anteriores hablamos de la brujería en el mundo y a través del tiempo, y reafirmamos nuestro derecho a elegir y a tener las ideas que queramos. Hemos legitimado la brujería con una historia, la hemos situado en un contexto global y político y hemos aportado, en primer lugar, una razón sensata y cotidiana para practicarla: conectar con nosotras mismas y con el mundo que nos rodea, además de aprovechar el potencial que entraña.

¿Y cómo lo hacemos? Es hora de pensar de forma práctica en cómo la brujería puede formar parte de nuestra vida y en lo que eso representaría.

Las diferentes clases de brujas

La bruja y escritora afincada en Londres Caroline O'Donoghue dijo una vez que hay tres clases principales de brujas, que denomina con humor «brujas de cuento, brujas de ritual y brujas de cosas».

«Las brujas de cuento —explica— se interesan por el folclore, el tarot y los símbolos. Les gusta hablar detenidamente y suelen tramarlo todo solo con palabras.

»A las brujas de ritual les gusta la acción: cantar, organizar, cultivar, encender objetos, etc. Son [una especie de] brujas de tipo "jardinera proactiva"».

¿Y las brujas de cosas? «Estas brujas —dice O'Donoghue— encuentran mucha fuerza en gestos como llevar consigo una piedra muy buena, y podrían tener un altar en su casa».

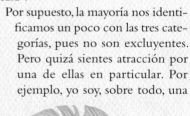

Por supuesto, la mayoría nos identificamos un poco con las tres categorías, pues no son excluyentes. Pero quizá sientes atracción por una de ellas en particular. Por ejemplo, yo soy, sobre todo, una bruja de cuento, pero con un extra de bruja de cosas: practico el tarot y llevo una piedra buena en el bolsillo de la mayoría de mis abrigos. Esto no significa que nunca use rituales —enciendo un vela para que me ayude a centrarme en los buenos pensamientos, por ejemplo—, pero no es exactamente mi modo de proceder.

Tengo una amiga que es, principalmente, bruja de ritual: elabora hechizos auténticos, enciende velas de colores y quema hierbas diversas. A veces, los símbolos llaman su atención, pero solo si están relacionados con sus rituales. Le interesan las cosas, pero únicamente en lo que respecta a sus reflexivos y meditados conjuros.

Las distintas brujas usan diferentes métodos y técnicas para conectar con el universo y con ellas mismas (y te sorprendería la frecuencia con la que eso viene a ser exactamente lo mismo). En los siguientes capítulos veremos algunas de esas herramientas y técnicas en detalle. Puede que ya sepas qué tipo de cosas te interesan. O quizá empieces de cero. El cuestionario de las próximas páginas te ayudará a averiguar qué clase de bruja podrías ser, pero recuerda que no te define a ti ni a tu magia; es sencillamente una guía para ayudarte a llegar adonde quieras estar.

¿Qué bruja eres?

Lee cada pregunta y marca la opción que más se adapte a ti:

TU AMIGO ESTÁ EN CRISIS. TÚ...

A Traes una cacerola.

B Hablas de ello.

C Le envías flores para que sepa que piensas en él.

TIENES UN SÁBADO LIBRE. VAS A...

A Un mercado agrícola.

B Una biblioteca.

C Una tienda de baratijas.

BUSCAS UNA NUEVA AFICIÓN. ESCOGES...

A Tiro con arco.

B Escritura creativa.

C Alfarería.

TE PREOCUPA LA POLÍTICA. TÚ...

A Sales a la calle y protestas.

B Diseñas, firmas y distribuyes una petición.

C Te dedicas a elaborar, vender y comprar artesanía en beneficio de la revolución.

TE TOCÓ LA LOTERÍA. INMEDIATAMENTE...

A Contratas a un contable y a un abogado, y creas una fundación para causas caritativas.

B Empiezas a leer la historia de todos los que ganaron el premio antes que tú; te espanta que el dinero esté maldito y preguntas a tus conocidos cuál es el mejor modo de gastarlo.

C Pagas tus deudas, le compras a tu madre una casa y te compras un vestido precioso por más dinero del que nunca gastaste en tu vida.

Si elegiste la opción A en su mayoría: Probablemente seas una bruja de ritual. Te gusta actuar y eres práctica. Quieres preparar una tisana mientras piensas de forma minuciosa y ordenada o trabajar en el jardín. Te interesa hacer que pasen cosas. Eres una bruja pragmática. Seguramente te gusten las velas, los encantamientos y las pequeñas magias que resultan útiles para mejorar las cosas.

Si la opción B es la mayoritaria: Podrías ser una bruja de cuento. Te gusta conocer la historia de las cosas y formar parte de una gran tradición. Te encantan las ideas, las palabras y el pensamiento profundo. Hablas de todos tus sentimientos y, en general, te sientes mejor después de hacerlo. Es probable que disfrutes del tarot, de la luna y escribiendo un diario.

Si tu elección fue C sobre todo: Podrías ser una bruja de cosas. Te gusta ver los frutos de tu trabajo y rodearte de ellos. Te encanta regalar. Sabes exactamente lo que prefieres. Puede que detestes tirar objetos. Seguramente disfrutes usando cristales, velas y escribiendo un diario.

Sacar tiempo

¿Qué quiero decir cuando hablo de «sacar tiempo»? Bueno, no tienes que ir corriendo a la tienda de brujería más próxima a comprar suministros, aunque es cierto que siempre vale la pena dar una vuelta por allí si te gustan el incienso, los cristales o las figuras diminutas de hadas (¿y a quién no?). En primer lugar, todo lo que necesitas es concederte un poco de tiempo. Podría ser media hora, una hora o quizá incluso una tarde entera cuando no estás haciendo nada y todos han salido.

Pensarás de inmediato que esto es imposible. ¿Cómo podrías sacar ese tiempo? Tienes un millón de obligaciones. Tienes trabajo todas las noches esta semana y, cuando estás en casa, debes pensar en la colada y el frigorífico o en si enviaste ese *e-mail*. Tendrás que meter este libro en el bolso y leerlo en el autobús, y no pasa nada.

Bueno, no pasa nada hasta cierto punto. ¿Te cambiará la vida? Probablemente, no. ¿Cambiará algo en realidad? Casi seguro que no. ¿Tendría que cambiar algo? Lo cierto es que, si no tienes una sola tarde para sentarte y reflexionar sobre tu vida, metas, necesidades, intereses y deseos, parece que algo debería cambiar.

Al igual que el *mindfulness* y otros tipos de meditación, una buena parte de la brujería tiene que ver sencillamente con dedicar tiempo a escucharte a ti y al mundo que te rodea. Escuchar y prestar atención son, en gran medida, acciones que nos mantienen equilibrados y cuerdos. Si tu vida se ha vuelto tan acelerada, estresante y ajetreada que no dispones de ese tiempo, no es de extrañar que, a veces, sientas que las cosas escapan a tu control y que hayas empezado a preguntarte si existe una alternativa.

Hay otro camino —y aquí estamos—. Con los resultados del cuestionario de las páginas anteriores como guía, echa un vistazo rápido a las actividades subrayadas debajo de cada resultado y mira si alguna de ellas te atrae. Según avanzas, quizá quieras comprar una baraja de cartas de tarot o algunos cristales. Asimismo, puede que quieras plantar una jardinera o, cada mes, organizar una noche de conjuros con amigas de intereses afines. A lo mejor te apetece comprar materiales para elaborar velas o algunos cachivaches. Quizá no quieres nada: podrías ser la clase de bruja que obtiene energía simplemente meditando con una sola llama o al inspirar y espirar. Hay muchas formas diferentes de ser bruja y todas son válidas e importantes por igual. Todas son poderosas y necesitan que dediques un poco de tiempo a observarte a ti, a las personas de tu entorno y al mundo en el que vives.

¿Qué se necesita para ser bruja?

¿Qué se necesita para ser bruja entonces? Pues el deseo de probar y afirmar nuestro poder interior. Lo creas o no, eres una persona muy poderosa. Puedes hacer cualquier cosa que te propongas. Practicar la magia (probablemente) no te proporcionará grandes riquezas; tampoco resolverá todos los problemas de tu vida. Lo que sí puede hacer y hará es aclarar tus pensamientos y sentimientos para ayudarte a transformarlos en acción.

Tienes el poder de cambiar y de prosperar. La afirmación de las páginas siguientes es una afirmación de tu propio poder.

Afirmación del poder y del ser

Antes de empezar, es necesario que dediques un tiempo a pensar en las cosas que valoras de ti y que hagas una lista de los atributos positivos de tu personalidad. Podrías pensar en cosas que la gente ha dicho sobre ti que te hicieron sentirte valorada y especial: quizá estás secretamente orgullosa de lo considerada que eres, de lo bien que tocas el piano o de lo a menudo que escuchas a tus seres queridos cuando lo necesitan. Anota estas ideas durante unos minutos, pues las necesitarás en el paso 2 de este ejercicio.

Necesitarás: una vela (una dorada puede resultar especialmente poderosa). Si lo prefieres, puedes convertir esta afirmación en un conjuro con un trocito de cuarzo rosa, un cuadrado pequeño de tela (lo bastante grande para envolver completamente el cristal) y un lazo. Esto te permitirá crear una pequeña prenda de tu fortaleza como recordatorio de tu propio poder y autoestima. Es agradable pero no absolutamente necesario.

1   Enciende la vela. Céntrate un momento en la llama y luego dirige esa atención a tu respiración.

2   Con el cuarzo rosa en la mano (si lo usas), di:

Me llamo [tu nombre]; soy [un atributo positivo de la lista que has preparado, como «soy amable»].

Repite esta fórmula con todos los atributos positivos de tu lista: todo lo que valoras de ti y todas las razones que demuestran que eres una persona fuerte, valiente y brillante.

3   Luego, con el cuarzo rosa todavía en la mano (si lo usas) y los ojos fijos en la llama, di:

Me llamo [tu nombre] y soy poderosa.

Me llamo [tu nombre] y soy hábil.

Me llamo [tu nombre] y soy fuerte.

Estas son las razones por las que me quiero a mí misma y por las que soy digna de amor.

4 Si usas el cuarzo rosa, envuélvelo en la tela y ata fuertemente la parte superior con el lazo repitiendo tres veces:

Esta es una prenda de mi fortaleza y de mi poder.

Soy digna de amor.

Guarda la prenda como recordatorio de tu bondad. Eres buena. Importas. Eres valiosa, brillante y valiente.

Los cuatro
elementos

Por tradición, los elementos son cuatro: tierra, aire, agua y fuego. Estos elementos, a veces, están relacionados con los signos del Zodiaco (Piscis, por ejemplo, es un signo de agua), con los puntos cardinales (el este es aire; el sur, fuego; el oeste, agua y el norte, tierra) o con colores, rasgos de la personalidad o planetas.

Los cuatro elementos se usan con frecuencia en la magia empática, en la que un objeto físico (o representativo de los elementos) se utiliza para simbolizar algo más amplio. Normalmente, se honran los cuatro elementos al comenzar un conjuro. Algunas brujas empiezan los rituales invocando y dando las gracias a cada elemento. Otras se aseguran de contar con algo representativo de cada elemento en sus hechizos y en su casa. Y otras creen que lo que hace funcionar el universo es el equilibrio de estos cuatro elementos.

Sin embargo, no necesitas ser bruja para darte cuenta de que este equilibrio puede resultarnos útil en nuestra propia vida. Combinar felizmente estos cuatro elementos es crucial para todos nosotros.

Usamos, pues, los cuatro elementos en un sentido tanto práctico como simbólico con el fin de aprender a ser equilibrados y comprensivos. En las siguientes páginas, haremos una evaluación rápida de dónde aparecen estos elementos con su sentido más práctico en tu vida.

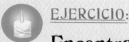

EJERCICIO:

Encontrar los elementos

El primer y principal propósito de reconocer los elementos es un práctico guiño al cuidado personal. Este ejercicio está diseñado para hacerte pensar en momentos concretos de tu vida en los que dedicaste tiempo a observar el mundo que te rodea. Te anima a reflexionar sobre esos momentos de poder y belleza y a reconocer su extraordinaria energía. Este tipo de gratitud y conexión con el mundo puede tener un profundo efecto en tu felicidad y en tu éxito.

Necesitarás: un bolígrafo y papel.

1 Hazte las preguntas de la página siguiente.

2 Dedica un momento a anotar una ocasión en la que recuerdes haberte comprometido de forma adecuada y profunda con cada elemento. Quizá recientemente has ido a nadar o te has dado un maravilloso baño caliente: este es el elemento agua. Puede que hayas cortado un puñado de hierbas aromáticas frescas o que hayas hundido la nariz en una rosa: tierra. A lo mejor has observado a una gaviota dando vueltas en el cielo o has volado una cometa: aire. O quizá hiciste una hoguera o encendiste una vela para una ocasión especial: fuego. ¡Todos estos ejemplos cuentan como homenaje a los elementos!

¿TENGO LOS CUATRO ELEMENTOS
EN MI VIDA?

¿ESTÁN EN EQUILIBRIO?

¿PERMITO QUE ESTOS CUATRO ELEMENTOS
DE MI VIDA PROSPEREN?

¿TENGO LOS PIES EN LA TIERRA, PERO
TAMBIÉN ME CONCEDO TIEMPO PARA
SOÑAR E IMAGINAR COSAS?

Sentido del equilibrio

No se necesita ser bruja para agradecer una brisa refrescante, la tierra firme que tenemos bajo los pies, un vaso de agua fresca en un día de verano o el crepitar del fuego en una noche fría. Los cuatro elementos son necesarios: beber el agua fresca no sería tan fantástico sin el calor ardiente del sol. Ningún elemento es mejor que los demás ni puede puede existir en solitario.

Este sentido del equilibrio (de dar y recibir) nos ayuda a reconocer nuestras propias emociones y la validez de nuestros sentimientos. Por ejemplo, de igual forma que el fuego tiene un lugar en los cuatro elementos, también la ira ocupa un lugar necesario en nuestra vida. Además, del mismo modo que el fuego puede provocar un terrible incendio o ser una pequeña llamarada reconfortante en el corazón, nuestras emociones pueden presentarse de muchas formas, modificarse y cambiar en el transcurso de nuestra vida. Y todo esto es perfectamente natural.

El quinto elemento

¿Un quinto elemento? Sí, te dije que había solo cuatro elementos, y es verdad en un sentido puramente físico, pero es imposible hablar de magia, brujería o cuidado personal sin mencionar el quinto elemento también.

Este recibe, a veces, la denominación de *espíritu*. Es lo que distingue a los vivos de los muertos; es la parte de nosotros que, de algún modo, parece ser independiente del cuerpo físico. Es aquello que da vida a todos los organismos; es energía, vida.

Debemos reconocer y honrar esta fuerza vital. Tenemos que admitir su presencia en nosotros igual que identificamos el agua en nuestra sangre; el fuego, en el sol que nos calienta y el aire que respiramos. Hemos de aceptar la chispa que nos da vida, que da poder a nuestras elecciones y simultáneamente nos separa del mundo y nos une a él. Nuestra vida es un milagro; estar todos aquí lo es y esto es lo que reconoceremos en el siguiente ejercicio.

Honrar a los elementos

Este ejercicio supone un excelente punto de partida para la meditación, la hechicería, el tarot o la magia en general.

Necesitarás: cinco velas.

1 Coloca las velas sobre una mesa así: una en el norte, para representar la tierra; otra en el sur, para el fuego; la tercera en el oeste, para el agua; la cuarta en el oeste, para el aire y la última en el centro, para el espíritu.

2 Fíjate en la vela central, en la parte más clara, brillante y blanca de la llama. Visualiza esa luz blanca mientras se expande en un círculo cada vez más amplio, abarca las cuatro velas restantes y absorbe su luz blanca. Contempla gradualmente esta luz que va llenando la habitación.

3 Dentro del círculo de luz, fíjate por un momento en cada vela y en el elemento que representa. Piensa en una época en la que el agua parecía más pura; el fuego, más brillante; el aire, más limpio y la tierra, más sólida, estable y con una gran capacidad nutritiva. Céntrate en esos momentos con cada llama y luego dale la bienvenida a tu vida (en silencio o en voz alta) a cada elemento.

Cristales para
principiantes

Resulta fácil sentir que estas bonitas piedras contienen algo especial. Por supuesto, no necesitas cristales para practicar la meditación, el *mindfulness* y la atención consciente; una piedra del parque podría hacer la misma función si te ayuda a concentrarte, pero no sería tan hermosa.

La ciencia de los cristales, y en particular la curación con ellos, es controvertida y se ha debatido mucho sobre ella. Por suerte, este no es nuestro problema: no tenemos que preocuparnos de por qué actúan los cristales mientras hagamos que funcionen para nosotros. Este libro trata sobre el uso de herramientas de brujería para facilitar la vida de las personas ocupadas de hoy, no sobre investigar si la magia es real. O crees o no crees. O quieres intentarlo o no quieres. Es así de sencillo.

Así que deja tu escepticismo en la puerta. Permítete adentrarte en un mundo de colores y luces brillantes, y descubre una conexión muy real con la tierra.

¿Cómo funcionan los cristales?

Durante años, las personas han atribuido todo tipo de poderes a los cristales. En el lenguaje moderno, sin embargo, a menudo se dice que los cristales «vibran» a diferentes frecuencias que le otorgan a cada piedra una energía diferente. Hay algo de verdad científica en esto, pero, para nuestros fines, lo que importa es el modo en que los cristales te proporcionan una conexión sólida con el mundo que te rodea y un objetivo tangible para concentrar tus energías.

No puedes mirar un cristal y no sentir un poco de admiración y gratitud por vivir en un mundo donde existen tales objetos, y este reconocimiento tiene un efecto profundo en nuestro cerebro. Sentir agradecimiento consciente por las cosas puede mitigar la depresión y la ansiedad, además de levantarnos el ánimo. Poseer una prenda de nuestro agradecimiento a la tierra y por nuestra existencia solo puede ayudarnos.

Se dice que los diferentes tipos de piedras tienen propiedades distintas, y los cristales con diferentes formas también. ¿Es verdad esto? Lo cierto es que está demostrado científicamente que determinados colores se asocian en nuestra mente con emociones concretas, y sabemos que distintos patrones de luz pueden producir efectos interesantes y profundos en el cerebro. Por ejemplo, un cuarzo rosa muy pulido con forma de corazón tenderá a hacernos pensar en el amor, y eso, a su vez, nos ayudará a concentrar nuestra energía en lo que podríamos querer, necesitar o esperar del amor.

Al igual que sucede con la llama de una vela, los cristales son un espacio para la meditación: un centro de nuestra energía y nuestro poder, el de ser dueño de algo bonito de forma exclusiva o elegir el símbolo adecuado para un amigo; también el de poseer exactamente la prenda idónea para la persona que quieres ser. Yo llevo un collar de labradorita, por ejemplo, como parte de mi búsqueda para volverme más consciente de lo mágico en el mundo que me rodea, y tengo un trozo de pavo real mineral (o bornita) con forma piramidal en mi librería para recordarme que la felicidad siempre es posible. ¿Existe alguna cualidad mágica inherente a estas piedras que las haga destacar? ¿O son importantes porque unos amigos muy detallistas las eligieron para mí y así puedo mirar los recordatorios tangibles y presentes del amor de mis amigos, de mis aspiraciones y de lo afortunada que he sido? ¿Acaso importa el motivo?

Elige tus cristales

Cuando compres cristales, normalmente vale la pena pedir consejo al propietario de la tienda, pero si prefieres elegirlos por tu cuenta, aquí tienes una guía rápida para ayudarte a seleccionarlos.

Los cristales y sus propiedades

Citrina: rayo de sol

Amatista: alivio del estrés

Cuarzo rosa: amor

Cuarzo claro: claridad

Labradorita: curiosidad

Ojo de tigre: perspectiva

Malaquita: transformación

Turquesa: protección

Las formas y sus propiedades

 Piedras pulidas: lisas, versátiles y asequibles; perfectas para principiantes; ideales para guardar en un bolsillo.

Grupo de cristales: más grandes, pesados y muy bonitos; parecen esculpidos en la roca.

 Pirámides: pueden usarse para dirigir las energías o colocarse en el centro de un entramado de objetos mágicos.

Esferas: muy conocidas como punto de concentración para la adivinación y la meditación interior.

 Cubos: aportan estabilidad, son sólidos y fiables.

Corazones: útiles para las emociones, el amor, la autoestima y el cuidado personal.

Decidirse por la piedra ideal para un propósito concreto es un poco como narrar historias o conectarte con tradiciones e ideas del pasado al tiempo que satisfaces tus propios instintos creativos. Por ejemplo, si quieres hacer un encantamiento para el amor, elige el cuarzo rosa con forma de corazón del que hablamos en la página 52. Si deseas formular una afirmación que te ayude a superar una época difícil en el trabajo, opta por un cubo (para que te proporcione estabilidad y fuerza) de ojo de tigre (para obtener nuevas perspectivas del problema y mantenerte arraigada). Y si prefieres crear un talismán de protección que puedas guardar en el bolsillo para cuando vengan días difíciles, elige la turquesa (una piedra protectora ancestral) pulida para hacerla más lisa y que te resulte agradable en la mano cuando la agarres.

Limpiar tus cristales

Limpiar los cristales es básicamente una forma ritualizada de convertirlos en una página en blanco para plasmar tus pensamientos, emociones y sensaciones. Se supone que elimina todas las energías negativas que la piedra pueda haber absorbido en su camino hacia ti, para que el cristal y tú podáis empezar vuestro viaje juntos.

Existen diversas maneras de limpiar los cristales, como embadurnarlos con incienso (*véase* la página siguiente), emparlos en agua salada o bañarlos con la luz del sol. Lo mejor es siempre consultar cuál es el modo más adecuado para tu cristal. Algunos son demasiado delicados para el agua salada y solo deberían impregnarse ligeramente de humo; otros se volverán opacos si se manchan y únicamente deberían exponerse a la luz solar directa, rodeados de un anillo de sal de mesa.

Una vez que estén bien limpios, los cristales pueden usarse con una serie de afirmaciones y encantamientos para crear la realidad que quieras: aclararte la mente, apoyar tu determinación y centrarte en tus ambiciones y objetivos.

Necesitarás: un cristal, una varita de incienso y una pluma.

1 Coloca tu cristal en una mesa delante de ti. Toma una varita de incienso con una mano y enciéndela. Con la otra mano, coge una pluma. Usando la pluma y la varita juntas, dirige el humo hacia el cristal.

2 Coge el cristal en tus manos. Inspira profundamente por la nariz y espira por la boca.

3 Siente el peso del cristal en las manos y la respiración en la garganta con el aroma del incienso todavía en el aire. Toma conciencia de ti y de lo que te rodea.

4 Céntrate en el cristal que tienes en las manos. Si quieres, puedes decir: «Limpio este cristal de todas las energías pasadas». Pero no hace falta que digas nada; puede que prefieras, simplemente, centrarte en tu respiración y en la piedra. Haz lo que te parezca más lógico.

5 Pregúntate: «¿Qué necesito que me recuerde? ¿Qué quiero que sea este talismán? ¿Qué necesito?». Si lo deseas, podrías decir, por ejemplo: «Impregno esta piedra de fuerza y poder».

Al igual que antes, no es necesario que digas nada; puede que prefieras centrarte en impregnar la piedra con tu energía preferida.

Qué hacer con tus cristales

Cuando los cristales estén limpios, puedes usarlos para crear talismanes de tus intenciones. Hay muchas formas de hacer esto, y realmente depende de cada bruja determinar qué método le conviene más. Aquí tienes algunas ideas:

- Escribe una lista de tus objetivos y guárdala debajo de un cristal como recordatorio visual de adónde esperas ir.

- Coloca un cristal en tu mesita de noche para recordarte que debes adquirir mejores hábitos de sueño (algunas personas creen que las piedras ayudan a calmar el subconsciente y a dormir mejor en general).

- Elabora un entramado de cristales. Ordenar tus cristales en patrones y formaciones puede satisfacer tu creatividad y, al mismo tiempo, ser inmensamente reflexivo.

- Guarda un cristal en tu escritorio para que te recuerde que eres mucho más que tu trabajo y te ayude a sobrellevar la jornada.

- Lleva contigo un cristal que haga de talismán y te recuerde la persona en la que esperas convertirte.

El futuro, la suerte
y el tarot

Todos sabemos lo que es que te adivinen el futuro: le das dinero a alguna vieja arpía decrépita y te dice que conocerás a alguien alto, moreno y guapo.

Esto es una tontería, por supuesto. En un mundo profundamente caótico, ¿cómo puede alguien decir lo que podría pasar a continuación? Además, al existir el libre albedrío en el mundo, ¿cómo puede alguien adivinar lo que vas a decidir hacer después?

El problema de la clarividencia es que puede hacer que nos sintamos atrapados. Puede hacer que sintamos que nuestro futuro ya está planeado, como si fuéramos simplemente peones en un juego de ajedrez cósmico. Cuando pensamos en la adivinación, es importante que nos demos cuenta de que hablamos de uno de los muchos futuros posibles, no el que será, sino el que podría ser. Hablamos de opciones, de posibilidades, de nuevas perspectivas.

Como le dijo un famoso mago a otro: «Son nuestras elecciones […] las que muestran lo que somos, mucho más que nuestras habilidades» [1].

¿Por qué el tarot?

Existe un millón de métodos de adivinación. La mayoría de las culturas cuenta con algún tipo de ritual para predecir el futuro, ya sea leer las hojas de té que quedan en el fondo de una taza o los movimientos de las estrellas. Cualquiera de estos puede funcionar para ti si sabes cómo hacerlo. En este libro, sin embargo, nos centramos en el tarot.

Vamos a hablar ampliamente de las cartas del tarot porque son muy fáciles de usar. Puedes elegir una baraja y empezar de inmediato, como enseñándote a ti mismo a buscar cosas. Puedes probar esquemas distintos y hacer una lectura tan corta o larga como prefieras.

No obstante, antes de empezar, debes olvidar todo lo que crees que sabes sobre el tarot. El estereotipo de la «anciana con el pañuelo en la cabeza y un paquete de cartas que habla de la muerte» tiene muy poco que ver con por qué tú, ahora mismo, en el mundo moderno, estás pensando en usar el tarot para que te ayude.

¿Qué es el tarot?

Hay mucho misterio alrededor del tarot. Puede que hayas oído que trae mala suerte comprar tu propio mazo de cartas, que deberías guardarlas atadas con seda o terciopelo y dormir con ellas bajo la almohada, o que nadie excepto tú debe tocar las cartas jamás.

Personalmente, no suscribo la mayoría de esas cosas. Me compré mis cartas, las guardo en el bolso atadas con una diadema de repuesto y no me importa que las toque alguien si lo pide. Las cartas del tarot son una herramienta útil del oficio, nada más. Las mías se imprimieron en China y las vendían en un sitio web muy popular; la magia inherente a mis cartas procede del arte del ilustrador, la historia de los símbolos y los relatos que me cuento a mí misma cuando las uso.

El tarot funciona porque es un modo de contarnos historias. Es una forma de mirar nuestra vida y convertirla en una narración lógica.

Elegir la baraja

Convendría hacerse con una baraja de cartas de tarot antes de leer el resto de este capítulo: es más fácil cogerle el tranquillo a algo si puedes practicar a la vez en casa.

Puedes conseguir muchas clases de barajas de tarot con diferentes imágenes y estilos de ilustración, pero los significados suelen ser los mismos. La baraja más famosa para adivinación (o para predecir el futuro) es la Rider-Waite. Esta baraja, publicada por primera vez en 1910, presenta dibujos coloreados a tinta con un toque tradicional y medieval. Muchas personas que prefieren las cartas Rider-Waite lo justifican con la idea de que hay más de cien años de historia detrás, pero puede que te atraiga otra baraja distinta.

Yo tengo de todo: desde un paquete de cultura pop con temática felina hasta un juego en el que cada carta muestra la imagen de un santo bizantino. Personalmente, mi preferida es una baraja de puntos con muy pocas ilustraciones.

Lo importante es que sea la adecuada para ti. No te preocupes demasiado: la baraja que uses ahora no tiene por qué ser la definitiva. Es solo un buen punto de partida. Algunas barajas incluyen un útil manual, que es una excelente manera de adentrarse en el tarot.

El futuro, la suerte y el tarot

Entender las cartas del tarot

Una baraja de tarot es un conjunto de cartas ilustradas similares a los naipes de una baraja normal. De hecho, si conoces los fundamentos, puedes leer tarot con cartas normales, solo que es más difícil.

Las cartas de tarot se fabricaron por primera vez hace quinientos años y están llenas de imágenes e historias que pueden ayudarte a identificar los símbolos y los relatos de tu propia vida. Michelle Tea, experta en tarot, dice que es «un antiguo sistema de relatos, un paquete de cartas que narran multitud de cuentos dependiendo de la forma en la que se coloquen unas junto a otras» [2].

Los arcanos menores

Hay cuatro palos en una baraja de tarot y generalmente se denominan *copas*, *bastos*, *espadas* y *oros*. Estos palos están, por supuesto, relacionados con los cuatro elementos: las copas, con el agua; los bastos, con el fuego; las espadas, con el aire; los oros, con la tierra. Cada palo incluye diez cartas más un rey, una reina, una sota y un caballo. ¿Todo bien hasta aquí?

Cada palo contiene 14 cartas, y juntas forman los arcanos menores. Estas 56 cartas representan casi todo lo que nos sucede: simbolizan la mayoría de los sentimientos, sucesos e ideas que conforman nuestra vida.

Cada palo se refiere a un área diferente de la vida:

Las **copas** normalmente tratan sobre las emociones y las relaciones.

Los **bastos** suelen aludir a las pasiones.

Las **espadas** son el palo de la mente y habitualmente tienen que ver con los conflictos.

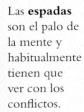

Los **oros** tienden a relacionarse con el dinero y el trabajo.

Los números que hay en las cartas de los arcanos menores también tienen un significado. Por regla general, son estos:

1 Los **ases** son la esencia más pura del palo. Este es el sueño del palo: trabajo, amor, pasión o pensamiento.

2 Los **doses** implican trabajo duro, aunque es una forma positiva de trabajo.

3 Los **treses** muestran que llegas a alguna parte: un sólido y alegre tres.

4 Los **cuatros** están bastante bien, aunque empiezan a ser problemáticos.

5 Los **cincos** son horribles en su mayoría: trabajo duro, triste, horrible.

6 Los **seises** son mucho mejores. Te muestran que tu trabajo da frutos.

7 Los **sietes** vuelven a ser duros, pero tienes tu seis detrás de ti, y sabes que puedes hacerlo.

8 Los **ochos** tienen que ver con el lugar de donde vienes y al que vas.

9 Los **nueves** son los que menos me gustan: se acerca algo grande.

10 Los **dieces** son el final del ciclo: llegó algo grande, fuese lo que fuese. ¿Y ahora qué?

Los arcanos mayores

Las 22 cartas restantes de la baraja de tarot que no pertenecen a un palo son cartas con figuras. Las llamamos arcanos mayores y representan los grandes acontecimientos de la vida, las ideas importantes y las personas, pensamientos y lugares destacados.

Estas cartas se llaman (por orden):

- El mago
- El colgado
- La suma sacerdotisa
- La muerte
- La emperatriz
- La templanza
- El emperador
- El diablo
- El hierofante
- La torre
- Los amantes

- La estrella
- El carro
- La luna
- La fuerza
- El sol
- El ermitaño
- El juicio
- La rueda de la fortuna
- El mundo
- La justicia
- El loco

Leer las cartas del tarot

Cada carta de los arcanos mayores o menores puede representarte a ti, a una persona o a una situación. La misma carta puede significar diferentes cosas para distintas personas, y, a menudo, es así. Tiene que ver con las historias que decidimos contar, que es lo que hace que el tarot sea una herramienta tan poderosa para adivinar el futuro.

Digamos, por ejemplo, que sacas la torre. Esta es una carta sobre cosas que se derrumban, sobre órdenes anteriores que se destruyen. Podría representar una relación que se ha terminado, una mudanza o quizá algo a lo que te has aferrado y que ya no es muy sano o útil para ti. Podría representar una muerte o la muerte de un modo de vida (como, por ejemplo, el que acabes de tener un hijo).

¿Suena vago? Se supone que lo es. ¿Es mágico? No sabría decirlo. Sin duda, considero que las cartas que saco son, con frecuencia, aterradoramente acertadas, pero a la mente humana se le da bien construir histo-

rias de la nada. Y si algo buscamos aquí
son historias.

Probablemente hayas oído hablar
de la lectura en frío. Es la técnica de
formular las preguntas adecuadas para
obtener la mayor cantidad posible de información. Si bien con frecuencia se con-
sideran abusivas, en realidad todo se
reduce (en un entorno seguro) a sin-
tonizar con la otra persona.

El tarot, al igual que toda la brujería de este libro, es simplemente un
ejercicio donde se usan los símbolos
de la magia para ayudarte a entender la historia de tu vida.

Preparar las cartas

Así es como yo siempre empiezo una lectura, aunque hay muchas formas de hacerlo.

Necesitarás: una vela y tu baraja de tarot.

1 Enciende una vela y desenvuelve tu baraja.

2 Mezcla las cartas como harías con una baraja de naipes normales y luego corta la baraja.

3 Vuelve a colocar las cartas juntas de la forma que prefieras. Mézclalas de nuevo y corta la baraja en tres montones tan regulares o irregulares como quieras.

4 Pon cada tercio de la baraja boca abajo en la mesa. Luego, únelos otra vez como te guste y vuelve a mezclar las cartas.

5 Coloca la baraja hacia abajo en la mesa y, usando el lado y la palma de la mano, forma un abanico con las cartas.

Ahora estás preparada para usar tus cartas de tarot. En las páginas siguientes, encontrarás un ejercicio diseñado para ayudarte a familiarizarte con las cartas y una guía de la tirada de tres cartas.

EJERCICIO:

Familiarizarse con las cartas

El proceso de conocer bien tus cartas puede prolongarse un tiempo. Trabajar con la baraja completa puede llevarte un día o más, así que piensa en dedicarle casi una hora la primera vez que lo hagas; luego, repite el proceso tantas veces como lo necesites hasta que conozcas perfectamente todas las cartas.

Necesitarás: una vela y tu baraja de tarot.

1 Enciende una vela y prepara las cartas siguiendo los pasos del 1 al 5 de la página anterior.

2 Saca una carta al azar. Solo estamos familiarizándonos con ellas por ahora, no leyendo el porvenir. Con la información de las páginas de la 68 a la 71 y la imagen de la carta, imagina lo que crees que podría significar esta.

3 Luego, usando recursos *online* o un libro sobre tarot, busca otra interpretación. Podrías buscar varias interpretaciones que te den una idea de los matices existentes. Piensa en una persona que sabes que encarna el espíritu de la carta. ¿Hay un lugar o quizá un momento de tu vida en el que podría haber sido importante esta carta?

4 Céntrate en la llama de la vela y luego dirige la atención a la imagen de la carta. Fija esa carta, junto con tus impresiones sobre ella, en tu mente.

5 Devuelve la carta a la baraja y repite los pasos del 2 al 4 todo el tiempo que quieras.

EJERCICIO:
La tirada de tres cartas

La forma más sencilla de hacer una lectura es mediante la tirada de tres cartas. A mí me gusta encender una vela para crear el ambiente idóneo, pero no es imprescindible: he hecho esta lectura en un autobús, en la cola del supermercado e incluso en la playa.

Necesitarás: una vela (opcional) y tu baraja de tarot.

1 Enciende una vela, si la usas, y prepara las cartas siguiendo los pasos del 1 al 5 de «Preparar las cartas» (página 74).

2 Concéntrate en una pregunta. Elige tres cartas: la primera carta representa tu pasado; la segunda, tu presente y la tercera, tu futuro.

3 Pero recuerda que el tarot solo nos dice lo que ya sabemos. Usamos las cartas para desencadenar un relato de lo que podría ser y crear una narración de lo que sucedió antes. Por ejemplo, quizá necesitamos ser más suma sacerdotisa en el trabajo o más seis de bastos con respecto a nuestros propios logros. O puede que la torre necesite caer. Quizá somos cinco de copas en cuanto a algo que deberíamos haber dejado atrás. El tarot nos proporciona nuevas perspectivas sobre nuestro presente y nuestro pasado, y simplemente una idea de lo que podría ser el futuro.

Construir algo de la nada

Crear cosas tiene algo especial. Conozco a una bruja que teje sus deseos para las personas en cada fila de sus calcetines y bufandas. Yo cavo la tierra de mi jardín y planto bien profundas las esperanzas que tengo para mi vida con la albahaca y el perejil. El acto de crear algo casi de la nada (o de ingredientes distintos) se percibe siempre como una bendición, lo sea o no. Acciones tan corrientes como escribir, cocinar o construir una casa son la clase de magia cotidiana a la que todos aspiramos.

Fabricar tus propios útiles de brujería puede asemejarse a un hechizo en sí mismo: un hechizo doble al elaborarlos y al moldearlos. En este capítulo, veremos dos pequeños actos de creación: la fabricación de velas (y una breve meditación para acompañarla) y la construcción de una pequeña jardinera que sirva de huerto de la bruja (junto con consejos sobre las propiedades de varias hierbas).

El poder del fuego

Por el momento, hemos honrado a tres de los cuatros elementos físicos de nuestra práctica: usando cristales (tierra), impregnando de humo (aire) y leyendo el tarot, que podría decirse que tiene una narrativa fluida (agua). El último elemento físico es uno que hemos mencionado en cada ritual y afirmación de este libro: el fuego.

Una buena parte de la práctica moderna de la brujería nos pide que empecemos encendiendo una vela. Esto es, quizá, porque fijarse en la llama de una vela es profundamente hipnótico, lo que facilita entrar en el estado meditativo de semitrance que necesitamos para concentrar intensamente nuestra energía. También reduce el ritmo cardiaco, el pulso y la presión sanguínea, y esto nos beneficia tanto mental como físicamente, creamos en la magia o no.

Existe otra razón por la que tantos conjuros empiezan encendiendo una vela: es porque la transfiguración de la cera a luz, a humo y a aire es la forma más sencilla de mostrar que la materia y la energía pueden cambiar de un estado a otro. Nos indica que nada es permanente, que estar vivo es evolucionar.

La relación entre lo que somos y lo que hacemos es tan compleja que, incluso científicamente hablando, es difícil separar la física de la magia. Quizá por esto nos sentimos tan atraídos por la lumbre, que es, al mismo tiempo, profundamente sencilla e infinitamente compleja. Igual que nosotros.

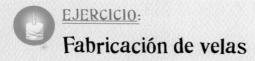

Fabricación de velas

Necesitarás: cera de abejas, un tazón resistente al calor, una cacerola, una batidora de varillas, una mecha, un tarro y un aceite esencial que se adapte a tu intención con la vela (*véanse* las páginas de la 84 a la 87).

1 Deshaz la cera de abejas en un tazón resistente al calor colocado sobre una cacerola con agua hirviendo, asegurándote de que el fondo del tazón no toca el agua. Remueve con suavidad centrando la mente en la cera mientras se funde y concentrándote solo en el movimiento de la batidora y en el modo en que se derrite la cera. (Este es un buen momento para visualizar cómo se disipan los sentimientos negativos y se convierten de nuevo en energía). Este proceso debería durar unos 15 minutos.

2 Fija la mecha a la base del tarro (si lo prefieres, hunde el extremo de la mecha en la cera derretida como medida adicional de seguridad).

3 Añade siete gotas del aceite esencial a la cera derretida mientras dices: «Hago esta vela para [centrarme, amar, tranquilizarme o lo que sea]». Remueve siete veces en el sentido de las agujas del reloj.

4 Agrega siete gotas más del aceite esencial y remueve siete veces en el sentido contrario a las agujas del reloj a la vez que repites la afirmación en voz alta.

5 Vierte con cuidado la cera aromática en el tarro que has preparado manteniendo la mecha recta. (Quizá te sea más fácil atar la mecha al palo de una piruleta que apoyes sobre el borde del tarro). Deja enfriar.

Cuando uses esta vela para encantamientos y afirmaciones, recuerda que tú la fabricaste y ahora la conviertes en la luz más pura.

El huerto de la bruja

Muchas ramas antiguas de la brujería giran en torno a huertos. Además, a muchas brujas tradicionales se las consideraba tales por su conocimiento sobre potentes hierbas que actuaban como medicinas, estimulantes o sedantes. En el mundo moderno, la mayoría tenemos la suerte de acceder a los medicamentos, pero no hay razón para que no podamos continuar la tradición de crear algo de la nada cultivando y usando hierbas.

Es fantástico hundir las manos en la suciedad y ver crecer las plantas incluso si vives en un estudio en la ciudad. Está demostrado que la jardinería levanta el ánimo, alivia la depresión y el insomnio y mejora la salud física general. Además, los efectos meditativos de cuidar un jardín y trabajar en él pueden ser determinantes en el tratamiento de las enfermedades mentales. ¿Y qué es esto si no es magia?

Para montar un pequeño jardín, necesitarás un hueco adecuado, un poco de tierra para macetas y algunas plantas. Para las principiantes, la forma más fácil de empezar vuestro jardín es con unas macetas de hierbas del supermercado, que florecerán si se cuidan bien.

Las propiedades (mágicas y de todo tipo) de las hierbas

Romero: se asocia desde hace siglos con la memoria, y se ha demostrado científicamente que mejora la concentración y la atención. Además, crece muy bien en el exterior y florece de maravilla incluso en invierno.

Melisa: se dice que esta hierba devuelve la juventud perdida. También sirve para preparar un delicioso té calmante con menta que facilita la digestión.

Albahaca (especialmente, la albahaca sagrada): en la medicina ayurvédica, la albahaca estimula la claridad y la concentración. Se cree que reduce el estrés y favorece la prosperidad (también está riquísima con espaguetis: ¡no hay nada más mágico que la cena!).

Lavanda: se ha demostrado científicamente que esta planta nos ayuda a relajarnos; mejora la calidad del sueño, levanta el ánimo e incluso —en algunos casos— alivia el dolor. Es razonablemente resistente y puede cultivarse en el exterior.

Laurel: aparte de ser bonitos y tener hojas brillantes, los árboles de laurel son un símbolo de protección. El lauro (su otro nombre) se ha utilizado en celebraciones y para festejar el triunfo, al menos, desde la época de los antiguos griegos. ¿Por qué no cultivas tu propio árbol de laurel en miniatura para llevar estas cualidades a tu hogar?

Salvia: esta es la hierba limpiadora por excelencia. Se usaba seca y ahumada en la tradición amerindia para alejar al diablo y empezar de cero.

Si no puedes cultivar tus propias hierbas, los aceites esenciales te aportarán algunos de esos beneficios.

La luna y otros cuentos

La luz de la luna es mágica: piensa en una gran luna llena amarilla o en el extraño poder de una excepcional luna azul o en la fina hoz plateada de la luna antes de casi desaparecer. Incluso para quienes no sienten inclinación por la brujería, es difícil resistirse a la atracción de la luna.

Esta ocupa un lugar muy especial en la brujería. Tradicionalmente, la brujas practicaban sus ritos bajo la luna; se regían (como la mayoría de las mujeres) por el ciclo de 28 días con sus fases crecientes y menguantes, y vivían en función de su luz.

Estar en contacto con la luna es una forma de estarlo con nosotros mismos: pensar en dónde estábamos durante la última luna llena o la anterior y reflexionar sobre lo que ha cambiado en nuestra vida desde entonces. Gracias a ella, nos situamos en el tiempo; nuestra forma de mirar al cielo nocturno nos permite encontrar nuestro lugar en el espacio.

Llevar un diario lunar

Todas las noches, durante un mes, haz el enorme esfuerzo de llevar un diario lunar.

Necesitarás: un diario y un bolígrafo.

1 Sal fuera y mira la luna. Concédete cuatro o cinco minutos para estudiarla a fondo.

2 Anota tus impresiones en el diario. Si está nublado, describe las nubes; si la noche es totalmente oscura, describe la oscuridad. La idea es registrar lo que significa estar vivo en esta noche en concreto: anotar quién eres y cómo es la luna en este momento. No es necesario que las notas sean largas, pero deberían ser lo más descriptivas posible. ¿De qué color es la luna? ¿Qué forma tiene? ¿Está alta o baja en el cielo? ¿Hay estrellas? ¿Dónde estás tú?

El universo

Una gran parte de la magia tiene que ver con aceptar el lugar que ocupamos en el universo. Supone, en realidad, ver quiénes somos, dónde estamos y qué podemos hacer. Tiene que ver con considerar detenidamente todas nuestras opciones, ya sea leer el tarot para que nos dé una idea de nuestra propia historia, plantar un jardín para demostrar que tenemos el poder de crear, concentrarnos en un cristal para recordar que decidimos hacer algo, ser algo o cambiar algo.

Y, sin embargo, cuando miramos al cielo nocturno, reparamos en que todo esto no es casi nada. En el inmenso conjunto del universo, no somos nada, pero aquí estamos, con mundos enteros dentro de nosotros. Y esa es su magia.

Parece aterrador, pero para mí es reconfortante. La magia, en gran medida, consiste en aceptar que existen fuerzas en el universo que no podemos entender.

No hay espacio en este libro para adentrarnos en la astrología: es sumamente complicada y no hay forma de simplificarla sin perder algo vital en la narración. No obstante, observar las estrellas es saber que nuestro propio sol es una de ellas. Todos nosotros nos movemos por un universo, imposible de conocer, que se mueve, quizá, por muchos otros universos. Son muchas las cosas que ignoramos.

Observar el cielo nocturno nos permite ver que formamos parte de algo mayor que nuestra comprensión. La magia puede proporcionarnos esto también.

Conclusión

Este libro ha sido una introducción muy breve a la brujería y la magia. Hemos abordado muchos temas sobre los que se han escrito libros enteros. Casi con toda seguridad, hay partes del libro donde algunas brujas con más experiencia que yo, mientras aprietan los dientes, se preguntarán de qué hablo: siempre habrá brujas con más experiencia y personas de las que aprender. Eso es parte de la alegría de este viaje y la razón por la que he escrito este libro.

Es cierto que la brujería está teniendo un «momento» cultural. Pero entonces, puede que siempre lo haya tenido. Mientras haya habido mujeres que querían pensar por sí mismas y controlar su propia vida, han existido mujeres a las que se ha llamado brujas.

La idea de la bruja es la de una mujer independiente: una mujer que se entiende a sí misma y al mundo que la rodea, y que actúa en consecuencia para obtener resultados. Y es mucho más que eso: son mujeres con suficiente autoestima como para creer que pueden cambiar las cosas y con suficiente humildad como para admitir que siempre existen fuerzas en el universo que no comprendemos. Son mujeres con suficiente imaginación, curiosidad y fuerza como para probar algo diferente. Son mujeres que aprenden de otras mujeres y liberan su propio poder. Es una magia poderosa y radical que te pertenece si la quieres. Sobre todo, eso es lo que ha tratado este libro.

Notas finales

1   J. K. Rowling, *Harry Potter y la cámara secreta*, Sala-
    mandra, Barcelona, 1999.

2   M. Tea, *Modern Tarot: Connecting with Your Higher Self
    through the Wisdom of the Cards*, HarperOne, Londres,
    2017.

Agradecimientos

Me gustaría darle las gracias a mi aquelarre, en particular, a Noelle, Elizabeth y Blue, por su ayuda comprometida y su apoyo con este libro.

También quisiera mostrar mi gratitud a los numerosos historiadores, sociólogos, arqueólogos y académicos, cuyo trabajo ha sido valiosísimo para mí durante años y ha aumentado mi conocimiento de este arte antiguo.

Me gustaría expresar mi agradecimiento, asimismo, a Caroline O'Donoghue, la estudiosa del tarot, por su amable interés en este proyecto desde el principio: este libro habría sido muy diferente sin su mirada dispuesta y experta.